DE OECONOMIA INTERGALACTICA

Litzelstetter Libellen Nr. 6
Abteilung Handbüchlein und Enchiridia

Scholares Trebeisis

DE OECONOMIA INTERGALACTICA

Von schnellen Volkswirtschaften, kosmischen Handelshemmnissen und extraterrestrischer Kapitaltflucht

Faude

1989

Unter dem *nom de guerre* »Scholares Trebeisis« haben sich – nicht ganz ohne palindromorphe Absichten und so friedlich wie es satirischen Autoren möglich ist – für dieses Werk versammelt:
Axel Behrens, Jesko Hentschel, Joachim Keck, Peter König, Michael Koop, Ernst Mohr, Michael Rauscher, Jonathan Thomas.

Inhalt

Zusammenfassung (dt., österr., schw.)

Die vorliegende Studie untersucht den Außenhandel unseres Heimatplaneten mit dem Rest des Universums unter Berücksichtigung vielfältiger Kontexte und Konnotationen. Der *approach* ist ein ökonomischer; er greift jedoch auch relativitätstheoretische (und relativ theoretische) Überlegungen auf. Auf einer gleichsam vierdimensionalen Betrachtung des Handels zwischen Schnellen Volkswirtschaften wird eine Gesamtkonzeption erarbeitet, die den Grundstein für eine Weiterentwicklung der intergalaktischen Arbeitsteilung und Realisierung gegenseitiger Vorteile für die Erde und ihre Handelspartner legt.

Summary (english)

Taking account of various contexts and connotations, the present study analyses the foreign trade of our home planet with the rest of the universe. The *herangehensweise* is an economic one; it, however, also refers to relativity-theory (and relatively theoretical) considerations. Based on a, so to speak, four-dimensional view of the trade amongst Fast Economies, a general conception is elaborated which lays the foundation for further developments in the intergalactical division of labour and the realisation of mutual benefits by the earth and its trading partners.

Hethitisches Keilcompreß

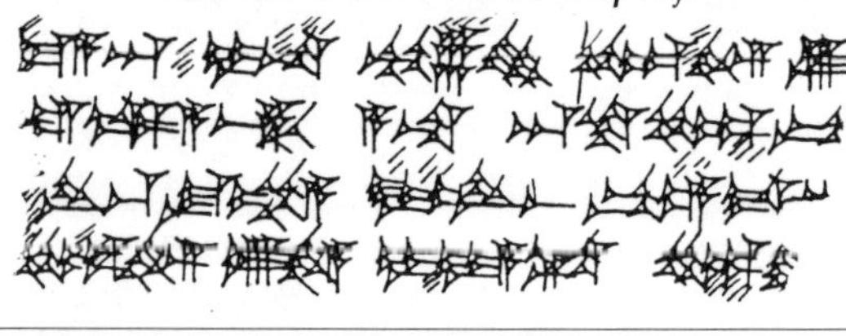

Summary (american)

Taking account of various contexts and connotations, the present study analyzes the foreign trade of our home planet with the rest of the universe. The *herangehensweise* is an economic one; it, however, also refers to relativity-theory (and relatively theoretical) considerations. Based on a, so to speak, four-dimensional view of the trade amongst Fast Economies, a general conception is elaborated which lays the fondation for further developments in the intergalactical division of labor and the realization of mutual benefits by the earth and its trading partners.

Συνοψη

Αυτη η μελετη αναλυει το εξοτερικο εμβοριο του πατριου πλανητη μασ με το υπολοιπο του συμπαντοσ λαμβανομε– νου υπ′ οψιν των πολυαριθμϖν συναφειων και σχεσων. Η μεθοδοσ ειναι μια οικονομοκη, αλλα μεταχερειζεται και σχετικοτικουσ θεωριτικουσ (και σχετικα θεωριτικουσ) στοχασμουσ. Απο μια τροπον τινα τετρακλοδιαστατη πα– ρατηεριον τον γληγορων οικονομιων γινεται μια γενικη συλληψη, που βαζει το θεμελιο λιθο για την αναπτυξη του διαγαλακτικου καταμερισμου τησ εργασιασ και για θην πραγματοποιηση των αμοιβαιων συμφρων χαριν τησ γησ και των εμβορικων συνεταιρων τησ.

KennerInnen der ökonomischen *Koine* ergänzen eventuelle Schwundstufen im Bereich der Akzente stillschweigend.

I. Einleitung

»*Was die Weltwirtschaft angeht,*« – bemerkte *Tucholsky* bissig in seinem Essay »Kurzer Abriß der Nationalökonomie« in den zwanziger Jahren – »*so ist sie verflochten*«.

Kann diese Einschätzung eines Literaten die heutige Situation der Weltwirtschaft noch treffen? Leben wir immer noch in einer Zeit, in der Handelshemmnisse die intergalaktische Arbeitsteilung lahmlegen? Werden die ökonomischen Ketten vom Menschen abfallen und wird die wirtschaftliche Frage aufhören, ein Dauerproblem der Menschheit zu sein *(Keynes 1931)*, oder gilt das Paradigma vom »Raumschiff Erde«, in dem die Knappheit stärker ins Bewußtsein rückt *(Boulding 1966)*?

Zunächst soll die Situation anhand einiger stilisierter Fakten *(stylized facts)* kurz charakterisiert werden. Dabei werden sowohl Entwicklungen der Handelsbilanz der Erde in den letzten Dekaden irdischer Zeitrechnung berücksichtigt als auch Ansätze skizziert, die sich *prima facie* zur Erklärung dieser Entwicklung eignen. Besonderes Augenmerk wollen wir dabei der Rolle zuwenden, die unsere irdischen Terms of Trade spielen können.

Darüberhinaus werden die wirtschaftstheoretischen Probleme der Erweiterung der Außenhandelstheorie auf den extraterrestrischen Bereich einer eingehenderen Analyse unterzogen. Insbesondere ergibt sich die Frage nach physikalischen Grundlagen der Weltraumökonomik: Welche

Rolle spielt die Relativität von Zeit und Raum für den intergalaktischen Handel? Müssen intertemporale Phänomene wie die intergalaktische Verschuldung neu interpretiert werden? Wie ist die Bedeutung intergalaktischer Handelshemmnisse einzuschätzen?

Schließlich soll versucht werden, anhand anderer stilisierter Fakten und mit Hilfe wirtschaftstheoretischer Erklärungsansätze Entwicklungen zu analysieren, welche eine Erweiterung der Handels- und Finanzbeziehungen der Erde als Ganzes mit sich brachten. Die Bedeutung dieser Entwicklungstendenzen der intergalaktischen Wirtschaftsbeziehungen für das ökonomische Weltbild in Theorie und Praxis aufzuzeigen ist das forschungsstrategische Anliegen dieser Arbeit.

II. Empirische Beobachtungen zum irdischen Außenhandel

Eine Fülle von Phänomenen, Aspekten und Prozessen stürmt auf den Beobachter/die Beobachterin ein, wenn man/frau[1] die Entwicklung der All-Wirtschaft in den letzten vier Dekaden nachzeichnen will.

Das kräftige Bevölkerungswachstum in ärmeren Spiralnebeln, die Einkommensunterschiede zwischen nördlichen und südlichen Galaxien, regionale Integrationsprozesse, das Auffinden neuer Nutzungsrechte für galaktische Allmendegüter und die Rolle von multigalaktischen Unternehmen (sog. *Hypermultis*) – um nur einige wenige zu nennen. Der Forschungsgegenstand »Extraterrestrischer Handel« rückte dabei erst vor kurzer Zeit in das Blickfeld der Ökonomen, als entdeckt wurde, daß die Summe der Weltexporte von der Summe der Weltimporte erheblich differierte. Während anfangs versucht wurde, diese Diskrepanz mit unterschiedlichen Bewertungsmethoden, Meßproblemen[2] oder gar dem Verderb und Diebstahl von

---

[1] Aus Gründen drucktechnischer Ökonomie wird die feminine Form des Erkenntnissubjekts nur an dieser Stelle explizit gemacht. Die Polemik von *Wilma-Nadine Daimler-Gmelin* in Working Girl Quarterly 4/1978, 2/1982, 3/1983, 12/1984 u. ö. trifft uns also nicht.

[2] Zu neueren Bewertungsmethoden, die künftigen EG-Standards genügen, vgl. *Perrier, V.*, L'Évaluation de la Crème de Cassis, Vichy 1984; zu transatlantischen Meßproblemen: *Madonna Ciccione*, Life is a Mystery, NY 1989 (auch als CD erhältlich).

Gütern beim Transport zu erklären, setzte sich allmählich die ökonomische Begründung dieses Phänomens durch.

Nachdem dann von der Existenz der intergalaktischen Wirtschaftsbeziehungen aufgrund der vorliegenden empirischen Evidenz nicht mehr abstrahiert werden konnte,[3] folgten Forschungsanstrengungen in größerem Umfang.[4] Dank der daraus resultierenden Arbeiten kann heute ein der Realität[5] kongruenteres Bild der intergalaktischen Wirtschaftsbeziehungen gezeichnet werden.
Anhand der Zahlen über die Importe und Exporte der Welt lassen sich die interstellaren Wirtschaftsbeziehungen unseres Planeten wie folgt nachvollziehen (vgl. *Schaubild 1* auf der nachfolgenden Seite).[6]

---

[3] Vgl. hierzu *Strawfire, S.* (1987), Testing Micro-Foundations of Economic Identities, Journal for Sceptical Economic Questions 123, S. 67–68.

[4] vgl. *Leader, W.* (1986), Following the Trend, Stackelburg. Wer sich generell für Forschungsanstrengungen in größerem Umfang interessiert, abonniere die Bände »Poetik und Hermeneutik« (München 1970ff.).

[5] Wir gebrauchen den Begriff »Realität« in der soeben von *Niklas Luhmann* (1989) wieder sanktionierten Weise (»Jede Gesellschaft, die wir kennen, verfügt über die Möglichkeit einfacher, direkter Beobachtung der Realität« l. c., S. 329), versagen uns jedoch aus naheliegenden Gründen, auf seine Diskussion des platonischen Begriffs σωφοσυνη einzugehen. *Luhmanns* Verweis auf die fundamentale Selbstinklusion in das Beobachtete und die epistomologisch nicht zu unterlaufende Form der Realitätsvergewisserung soll hier nicht widersprochen werden; vgl. aber unsere bislang nicht abgeschickten Postkarten im Materialband zu »De Oeconomia Intergalactica«, den *Joseph von Westphalen* zum Abschluß seiner Elphinstone-Edition im Klaus Renner Verlag vorbereitet (München ca. 1998).

[6] Die Zahlen sind entnommen aus den *International Financial Statistics* des International Monetary Fund, verschiedene Ausgaben. Dabei werden Exporte im intergalaktischen Handel f.o.s. (free on spaceship) erfaßt, während Importe f.o.s. (free off spaceship) bewertet werden.

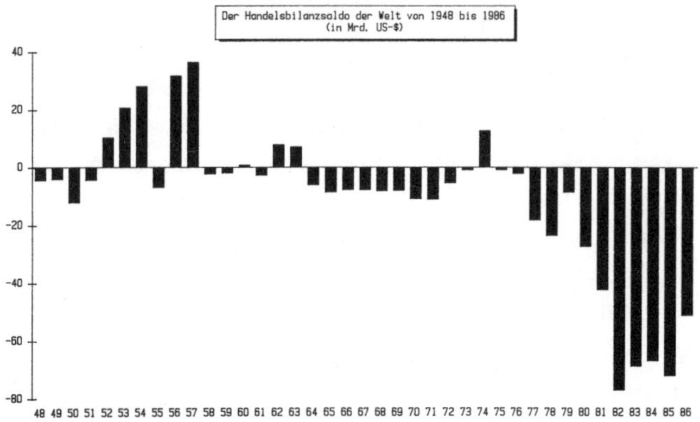

Schaubild 1: Entwicklung des Handelsbilanzsaldos der Erde.[7]

Die Entwicklung des irdischen Außenhandels verlief also in *drei Phasen*: Zunächst hat zwischen 1948 und 1957 der extraterrestrische Handelsbilanzsaldo von –4 auf +38 Mrd. US-$ stürmisch zugenommen.

In den Jahren 1958 bis 1974 wies dann die Außenhandelsbilanz der Erde zeitweise Defizite in Höhe von 2 bis 9 Mrd. US-$ auf, insgesamt war die Entwicklung jedoch einigermaßen ausgeglichen.

---

[7] Leser, die ihre intertextuelle Kompetenz bei der Dechiffrierung ikonographischer Szenographien, zu denen auch unser Schaubild zu rechnen ist, durch den Hinweis unter Beweis stellen möchten, daß die Reduktion des Handelsbilanz-Kontinuums auf nur *drei Phasen* von ideologischer Übercodierung zeuge, können dies tun. Vgl. dazu immer noch *Petöfi, J.* (1932),›Trinitaet‹ and ›Drehstrom‹: On the ›Dreiphasen‹-Problem of universal structural similarities, in: Akten des Colloquiums »Christliche Ikonographie in heidnischer Zeit«, Memmingen, S. 344–756.

Lediglich das Jahr 1974 schloß mit einem deutlichen Erdüberschuß von 10 Mrd. US-$ ab. Ausgehend vom Jahr 1975 erfolgte dann eine starke Passivierung der irdischen Handelsbilanz, und 1977 überschritt das Defizit erstmals die Grenze von 20 Mrd. US-$.

In den darauffolgenden Jahren verharrte das Defizit in einer Größenordnung von 50 – 80 Mrd. US-$, und erst im Jahre 1987 ist eine Reduktion des Defizits festzustellen, es betrug nur noch 4 Mrd. US-$.[8]

Auch wegen der Entwicklung der *Terms of Trade* dürfte aus irdischer Sicht wenig Grund zur Freude bestehen. Seit 1957 hat sich das reale Austauschverhältnis, definiert als Exportpreisniveau dividiert durch Importpreisniveau, verschlechtert – von kurzen Unterbrechungen (verursacht z.B. durch irdische Ölpreiserhöhungen[9]) einmal abgesehen (vgl. *Schaubild 2* auf der nachfolgenden Seite).

Die zeitweiligen Anstiege der Relativpreise zugunsten der Erde im intergalaktischen Handel in den Jahren 1963 – 64, 1974 – 75 und 1979 – 80 waren jedoch jeweils nur von kurzer Dauer. Über den gesamten Zeitraum betrachtet ergibt sich ein deutlich negativer Trend.

---

[8] Der Wert für 1987 wurde großzügig geschätzt von *Collinearity, M.* und *Square, Chi* (1987), How to Forecast on the Basis of Speculation and with the Knowledge of Nothing, Journal of Forecasts You Might Need 6, S. 1–195.

[9] Vgl. *Xiebert, H.* (1989a), Natürliche Ressourcen, Ölpreise und die Weltwirtschaft, in: Speaker, S.F.B., Hrsg., Intergalactical Institutions, Symposiumsband des Symposiums »Zur Institutionalisierung von Institutionen«, Constance, S. 1–11.

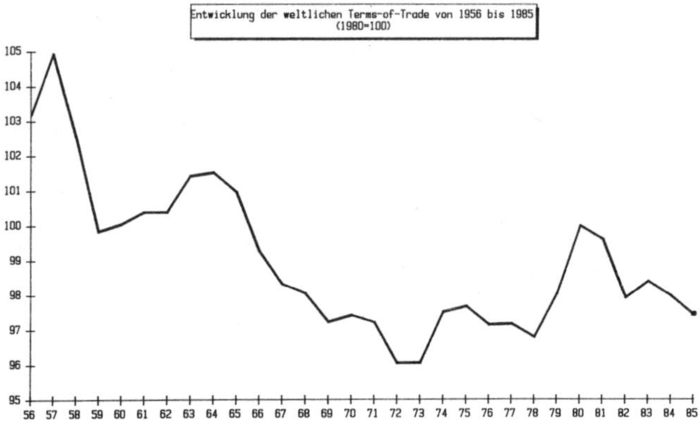

Schaubild 2: Entwicklung der Terms of Trade der Erde.[10]

Konnten im Jahre 1957 Erdbewohner noch 100 Flaschen fünfzehnjährigen *Château Belgrave grand cru* gegen 105 Flaschen *Manna*[11] bei den Außerirdischen eintauschen, erhielten sie für die gleiche Menge des großen Jahrgangs im Jahr

---

[10] Ein besonderer Dank gilt der *Ortsgruppe Hinterbichl* des ostallgäuischen Alpenvereins, die uns auf eine verblüffende Ähnlichkeit unseres Schaubilds mit dem Höhenzug zwischen dem Hohen Gaisskopf und der Muffleralm bei Hinterbichl aufmerksam gemacht haben. Als kleine Reverenz an diesen empirischen Scharfsinn sei die Vergrößerung unseres Schaubilds in der »Graphischen Gratisgabe« (s. Appendix) gedacht.

[11] Um religionswissenschaftlich ambitionierten Rezensenten unnötige Rercherchen zu ersparen, sei der Hinweis angebracht, daß die etwas irreführende Bezeichnung »Manna« für eine Flüssigkeit auf der Amberland-Magellanschen Wolke zu einer Zeit eingeführt wurde, als der irdische Bestseller »Und die Bibel hat doch recht« noch nicht in die dortige Verkehrssprache Isckarisch übersetzt und der altorientalische Wüstenkontext der Manna-Speise somit unbekannt war. Leider fehlt dieses überlieferungsgeschichtlich brisante Detail im grundlegenden Werk *P. M.* (1989), Amberland , Paranoia City Verlag, Zürich.

1985 nur noch 97 Flaschen dieses himmlischen Tropfens.[12]

Diese Entwicklung der *Terms of Trade* sowie die aus der Akkumulation der Defizite resultierende Verschuldungssituation stimmen für die Beurteilung der intergalaktischen Wirtschaftsbeziehungen wenig optimistisch.

Es kann nur gehofft werden, daß nach einer Phase der Terrasklerose[13] nun die wirtschaftlichen Selbstheilungskräfte der Erde aktiviert und den neuen Gegebenheiten in Zeit und Raum angepaßt werden.[14]

Offen bleibt die Frage, inwieweit trotz des sinkenden Relativpreisverhältnisses eine derartige Verschlechterung der Außenhandelsbilanz der Erde eintreten konnte. Sind lediglich verzögerte Anpassungen hierfür verantwortlich[15]

---

[12] Da vinologische Spezialliteratur noch nicht Bestandteil des intergalaktischen Güteraustauschs ist, kann unberücksichtigt bleiben, daß der betreffende *Château Belgrave grand cru* inzwischen erheblich an Geschmeidigkeit *resp.* Adstringenz verloren hat. *Enrico Rodostocco* hat ihn kürzlich schlicht ›*spigoloso*‹ genannt, wogegen sich der Vorkoster der Spitalkellerei Konstanz in einem Leserbrief an das Gourmet-Magazin »Wein & Bein« lediglich zum Epitheton ›*rauh*‹ verstehen wollte.

[13] Vgl. *Wirsch, H.* (1979), Apathy and Stickiness. Are We All Lazybones?, Kiel, und neuerdings: *Xiebert, H.* (1989b), Natural Resources, Oil Prices and the World Economy, ebenfalls Kiel. Ähnlich: *Cabbage, H.* (1988), *The Caravane must go on,* Collected Works, Oggershyme.) (1977–1986).

[14] Vgl. *Supplypush, S.* (1978), Techniques of Shifting Transformation Curves away from the Origin, in: *Waste, W.*, Hrsg., Essays in Abusing Resources, S. 2–22.

[15] Zur Thematik verzögerter Anpassungen von Leistungsbilanzsalden vgl. *Walking-Stick, O.L.D.* (1967), J-Curves in the Fifth Dimension, Mainz.

und ist somit für die Zukunft mit einer gegenläufigen Entwicklung zu rechnen?[16] Haben etwa Unterschiede in der Einkommensentwicklung die intergalaktischen Ungleichgewichte verursacht?[17] Oder gelten für die intergalaktischen Handelsbeziehungen andere Gesetzmäßigkeiten als die für die intraterrestrische Ökonomie relevanten und in vielfältiger[18] Kleinarbeit herausgearbeiteten Zusammenhänge?

Insbesondere der letzte Punkt soll in den folgenden Kapiteln näher beleuchtet und einer ökonomischen Analyse zugänglich gemacht werden.

---

[16] Zu methodischen Problemen solcher Prognosen vgl. *Fortuneteller, F.* (1986), Forecasting without Samples, Journal for Prophetic Economics and Policy Advice 544, S. 12–88, oder *Value, T.* (1969), On the Gamma-Error as a Result of Mistaking Alpha-Errors for Beta-Errors and Vice Versa, Estimetrica 4, S. 23–96.

[17] Vgl. *Demandpull, J. M.* (1945), Locomotives in Intergalactical Trade, American Railroad Review 1, (mit 64 farbigen Abbildungen) S. 17–186.

[18] Der Leser sei vor einer vieldeutigen Interpretation dieses Begriffs gewarnt; vgl. *Multiplier, M.* (1980), On the Efficient and Economic Use of Adhesives, Scissors, and Contact Prints, in: *Waste, W.*, Hrsg., Essays in Abusing Resources, S. 23–202. Die notwendigen Generalisierungen dieser Anstrengungen sind in der neueren Reputationsforschung nachzulesen; cf. *Daniel, H.-D./Fisch, R.* (1988), Evaluation in der Forschung, Universitätsverlag Konstanz. Eine angemessene Einbeziehung der hier von uns vorgelegten Grundlagenforschung in erst noch zu erstellende Karten zur internationalen Zitationshäufigkeit wird wohl erst zu erwarten sein in *N.N.*, (1991) FAST-strategische Wirkungsanalyse hochredundanter Aktivitäten im supranationalen Halbleiterbereich, in: News from the scientific A-Level, Bruxelles.

III. Grundlagen der Weltraumökonomik:

Die relativitätstheoretische Fundierung einer »schnellen Volkswirtschaft«

Wie man weiß, läuft die Zeit ab.[19]

[19] Zeit ist die generellste Definition der Kausalität und trägt der empirischen Beobachtung Rechnung, daß ein Danach in der Regel niemals ein Davor beeinflußt. Zusammen mit dem bekannten Phänomen der generellen Lagstruktur aller physikalischen, chemischen und biologischen Vorgänge folgt daraus aber auch, daß derjenige nichts zu befürchten hat, für den die Zeit stillsteht. Die theologische Dimension des Problems ist am Beispiel optimaler Bekehrungszeiträume und Fegefeuerverweildauern einleuchtend veranschaulicht bei *Lehner/Meran/Möller* (1980), DE STATU CORRUPTIONIS (Litzelstetter Libellen Nr.1, Abteilung Handbüchlein und Enchiridia), Konstanz.

Wie man spätestens seit der auf *O. Atemp* (1994)[20] zurückgehenden normativen Theorie der Zeit gleichfalls weiß, ist es wünschenswert, daß bestimmte Ereignisse später eintreten und bestimmte Prozesse langsamer ablaufen als andere.[21]

Die Verfügbarkeit einer modernen Transporttechnologie erlaubt es nun Wirtschaftssubjekten, das *Gesetz der Zeitdilatation*[22] auszunutzen und den Zeitablauf zur Erhöhung des eigenen Nutzens zu beeinflussen. Die Zeit ist somit in einer schnellen Volkswirtschaft als endogene Variable zu betrachten. Ziel dieses Abschnitts ist, die Implikationen der Zeitdilatation für eine Volkswirtschaft zu explizieren. Wie

---

[20] Ein Hinweis zum Erscheinungsjahr von Publikationen. Entsprechend den »Empfehlungen für die formale Gestaltung von Diplomarbeiten und Hausarbeiten« der Fakultät für Wirtschaftswissenschaften und Statistik der *Armstrong-und-Gagarin-Universität* vom Dezember 1987, Abschnitt 4.3e, wird dem Erscheinungsjahr einer Publikation generell die Eigenzeit des Autors zugrundegelegt. Bei mehreren Autoren ist gemäß der interplanetaren DIN-2001 Norm immer die Eigenzeit des langsamsten Autors berücksichtigt. (Aus einem Vergleich des Erscheinungsjahres der vorliegenden Arbeit mit entsprechendem der darin enthaltenen Literaturverweise, läßt sich leicht erkennen, daß die Autoren der vorliegenden Arbeit zwar nicht die schnellsten, aber auch nicht die langsamsten sind.)

[21] Die Begründung der normativen Zeittheorie durch *O. Atemp*, in *Atemp, O.* (1994), A Neo-Rawlsian Theory of Time, Annals of Speed and Justice 98, S. 12–31, ist allerdings zu bezweifeln, denn es ist mindestens schon seit der Zeit der Scholastik üblich, unangenehme Dinge auf morgen zu verschieben.

[22] Lesern, die mit der Post-Newtonschen Physik unvertraut sind, wird die Lektüre des Anhangs dringend empfohlen. Hingegen kann die Applikation von *Husserls* Kategorie der »Vor-Erinnerung« auf den Dattelhandel in kabylischen Dörfern, wie sie *Pierre Bourdieu* (1979), Entwurf einer Theorie der Praxis, S. 381ff., meisterhaft exemplifiziert, für unser Problem vorerst vernachlässigt werden.

gezeigt werden wird, ist sie von zentraler Bedeutung für Konsum- und Investitionsverhalten, optimale Standortwahl und Produktqualität. Ferner werden durch sie die interstellare Migration, die intergalaktische Zahlungsbilanzdynamik sowie die Determinanten des intergalaktischen Kapitalmarktes entscheidend beeinflußt. Dies wird durch folgendes Modell bewiesen.

Der Nutzen eines Wirtschaftssubjektes in einer schnellen offenen Volkswirtschaft sei gegeben durch

(1) $U = U[q_0 \, e^{rT}]e^{-at},$

wobei *U()* als monoton steigend[23] und streng konkav angenommen wird. Ein Wirtschaftssubjekt erwirbt q_0 zum Basiszeitpunkt 0. Die Eigenzeit von q ist T, dessen Grenzertrag r, $r>0$. Die Eigenzeit des Wirtschaftssubjektes ist t, seine Eigendiskontrate ist gegeben durch $a>0$.

Das Wirtschaftssubjekt hat somit einerseits einen aus seiner Ungeduld entstehenden Anreiz, q früher zu nutzen, andererseits vermehrt sich q durch den positiven Grenzertrag der Zeit und belohnt das Wirtschaftssubjekt dafür, zu warten.

---

[23] Als Kontrafaktur einer monoton steigenden Größe sei an das Elektrodentogramm (EDG) bei willkürlich herausgegriffenen Altersvampyren im Zustand hochgradiger vampirischer Erregung erinnert (cf. *H.D. Mummendey* (1982), DE VAMPYRIS. Auf dem Wege zu einer sozialen Psychophysiologie des akuten Vampirismus (Litzelstetter Libellen Nr. 2, Abteilung Handbüchlein und Enchiridia) S. 29, Konstanz). Wirtschaftssubjekte in einer schnellen offenen Vokswirtschaft haben also höchstens ex negativo Ähnlichkeit mit Vampyren im Prozeß der Eckzahnvergrößerung.

Gleichung (1) ist sehr allgemein und repräsentiert u. a. folgende Fälle:

1. Das Wirtschaftssubjekt ist eine Unternehmung, q ist der Wert eines Patentes, welches zum Zeitpunkt T verliehen wird.

2. Der Entscheidungsträger ist eine Unternehmung, und q ist der kumulierte Output eines Produktionsprozesses.

3. q ist ein stinkender Fisch, der zum Zeitpunkt 0 von einem Lausbub im Picknickkorb seiner Kinderschwester versteckt und in t von dieser entdeckt wird.

4. q ist eine rechtmäßig deponierte Flasche guten Weins in besagtem Picknickkorb. Wer der Entscheidungsträger ist, der Lausbub oder die Kinderschwester, ist unerheblich.[24]

In einer langsamen Volkswirtschaft gilt immer $t=T$ und der optimale Zeitpunkt einer Nutzung von q ist gegeben durch die Bedingung

(2) $$U'()\, q_0\, r\, e^{rt} = a \cdot U()\,.$$

Dagegen ist eine schnelle Volkswirtschaft dadurch gekennzeichnet, daß sich q und der Nutzungsberechtigte auf verschiedenen Zeitstrahlen befinden können, daß also gilt $t \neq T$.

---

[24] Offensichtlich werden hier implizit terrestrische Präferenzen unterstellt. (1) repräsentiert aber gleichermaßen den Nutzen extraterrestrischer Wesen mit extraterrestrischen Präferenzen. Dies wird durch einen einfachen Austausch der Bedeutungen von q in den Fällen 3 und 4 deutlich.

Da der Grenzertrag der Eigenzeit positiv, das Wirtschaftssubjekt aber ungeduldig ist, hat es einen Anreiz, die Zeit für q schneller ablaufen zu lassen als die eigene Ungeduld. Ein rationales Wirtschaftssubjekt wird deshalb q auf einen schnelleren Zeitpfad plazieren. Die Beziehung zwischen t und T ist gegeben durch

(3) $$t = T(1-v^2/c^2)^{1/2} + k\,,$$

wobei v die Geschwindigkeit des Wirtschaftssubjektes und c die Lichtgeschwindigkeit ist.[25] Aus dieser Formel für die Zeitdilatation wird zweierlei klar: Einmal impliziert der Anreiz, $t<T$ zu wählen, daß sich der Nutzungsberechtigte schneller bewegen muß als sein Eigentum.[26]
Daraus folgt aber auch, daß die Opportunitätskosten für die Schnelligkeit der Volkswirtschaft positiv sind.
Denn gemäß *Pack* (1984)[27] kostet Reisen Geld.

---

[25] Als ›Stylized Fact‹ ist zu unterstellen, daß die Integrationskonstante der Zeitdilatation $k=0$ ist. Denn bisher ist es experimentell nicht gelungen, Transaktionen zwischen verschiedenen Zeitstrahlen vorzunehmen. Aus diesem Grunde muß bis auf weiteres die Gleichheit der Basisperiode $t_0=T_0=0$ unterstellt werden.

[26] Zu einer umfassenden Definition des Begriffs »Eigentum« siehe *Forobotn, E.* (1978), Who Owns a Texan Bull and Who Milks It?, Quarterly Diary of the Western Dairy 17, S. 1–15. Nützliche Konnotationen zum property rights-approach auch bei *Jacques Derrida* (1972), ›Ich habe meinen Regenschirm vergessen‹: Über Schleier und Kastration, Hermeneutik und Hermetik bei Nietzsche, Cerisy-la-Salle.

[27] *Pack, L.* (1984), Der Einfluß der Faktorpreise auf die optimale Fahrgeschwindigkeit von Kraftfahrzeugen – Eine empirisch fundierte kostentheoretische Analyse, Universität Konstanz, Fakultät für Wirtschaftswissenschaften und Statistik, Diskussionspapier Serie C-Nr. 5.

Dies läßt sich durch die Budgetbedingung

$$(4) \qquad Y = P_q \cdot q_o + P_v \cdot v$$

ausdrücken, wobei Y das Einkommen und P_v (P_q) der Preis für die Geschwindigkeit v bzw. q_o ist.
Aus (1), (3) und (4) folgt, daß das Entscheidungsproblem eines Wirtschaftssubjektes in einer schnellen Volkswirtschaft gegeben ist durch

$$(5) \qquad \max_{t,v} U = U\{[(Y-P_v \cdot v)/P_q]\, exp[(1-v^2/c^2)^{-1/2} rt]\}e^{-at} .$$

Die ersten Bedingungen für eine optimale Wahl von t und v sind gegeben durch

$$(6) \qquad U'()(1-v^2/c^2)^{-1/2}\, r \cdot q_o(v) \cdot exp[(1-v^2/c^2)^{-1/2}\, rt] = a\, U()$$

und

$$(7) \qquad e^{-at}\, U'() \cdot \{ -(P_v / P_q) \cdot exp\, [(1-v^2/c^2)^{-1/2}\, rt] +$$

$$q_o(v) \qquad \frac{rt(1-v^2/c^2)^{-1/2} \; (v/c^2)}{(1-v^2/c^2)} \} = 0 .$$ [28]

Aus den Optimalitätsbedingungen (6) und (7) lassen sich

---

[28] Dem mit zeitraubender Ableitung von (6) und (7) beschäftigten Leser wird zur Milderung seiner Ungeduld angeraten, seinen Erkenntnisprozeß als q zu definieren und sich relativ zu diesem schneller fortzubewegen.

nun die Grundzüge einer schnellen Volkswirtschaft direkt ableiten.

Kosmisches Zentraltheorem einer schnellen Volkswirtschaft: *Die optimale Relativgeschwindigkeit des Inhabers von Nutzungsrechten über Prozesse mit positivem Grenzertrag der Eigenzeit ist positiv.*[29]

Beweis: Die Bedingung für eine optimale Geschwindigkeit (7), verlangt, daß der Ausdruck in der geschwungenen Klammer Null ergibt. Dem ersten Term in dieser Klammer entsprechen die Grenzkosten der Relativgeschwindigkeit. Er ist negativ für $0<v<c$. Dem zweiten Term entspricht der Grenznutzen der Geschwindigkeit. Für $v=0$ ist er Null, für $0<v<c$ ist er positiv. Optimalität verlangt deshalb $v>0$. Q.E.D.

Der Leser sollte sich davor hüten, das kosmische Zentraltheorem ohne dezidiertere Überlegungen auf die ökonomische Theorie der Ehe[30] zu übertragen; schließlich ist es selbst in einer langsamen Volkswirtschaft offen, wer der

---

[29] Dieses Theorem zeigt, daß in *Pack* (1984) implizit von einer langsamen Volkswirtschaft ausgegangen wird. Denn in einer schnellen Volkswirtschaft kann es nicht optimal sein, daß sich ein Lenker nur mit gleicher Geschwindigkeit fortbewegt wie sein Fahrzeug. Vielmehr hat er sich relativ zu diesem schneller fortzubewegen.

[30] Siehe dazu *Becker, G. Jr.* (1999), Marital Promises and Escape Through the Black Hole, New York: Academic Printers. Auch die Aporien der neueren Luther-Forschung akzentuieren diesen Aspekt auf erhellende Weise: *Adolf Schäufele* (Hrsg.) (1982), »Ehe denn die Berge wurden...«: Was Luther in seiner Psalmenübersetzung wirklich meinte. Schriftenreihe des oberschwäbischen Fundamentalismus Nr.118.

Nutzungsberechtigte ist und wer den positiven Grenzertrag der Zeit aufweist.

Aus dem kosmischen Zentraltheorem folgt unmittelbar
Satz 1 (Standortseparation): *Produktionsplaneten sind strikt von Konsum- und Freizeitraumstationen separiert, relativ stationär und werden nur zur Bunkerung von Konsumgütern und Treibstoff angeflogen.*[31]

Beweis: Produktionsplaneten haben einen positiven Grenzertrag der Eigenzeit und sind im Besitz von ungeduldigen Nutzungsberechtigten. Q.E.D.

Die relativ unerreichte Geschwindigkeit Luke Skywalker's Raumschiff ist somit kein Ausfluß der Phantasie der Schöpfer der Trilogie »Star Wars«, sondern das Ergebnis galaktischer Haushaltsplanung. Dagegen deutet der hohe Selbstversorgungsgrad von *Spock's* Raumschiff »Enterprise« auf ein geringes Verständnis kosmischer Anreizsysteme hin.

Aus Satz 1 folgt unmittelbar (ohne Beweis)
Folgesatz 1: *Das durch die Industrialisierung der Erde auftretende Umweltproblem ist als vorübergehend anzusehen.*

Aus der Bedingung für den optimalen Nutzungszeitpunkt (6), folgt

[31] Satz 1 beweist, daß zur Erschließung des Weltraumes das Konzept des »Äthers« nicht notwendig ist. Folglich dazu auch *Meister, W.* (1981), Ätherfreie Anästhesie, Jahrbuch für HNO-Chirurgie 12, S. 801–807. Daß *Jean Paul Sartre* (1919) in einer frühen Version seines philosophischen Hauptwerks »L'Äthre et le Néant« an ähnlichen Lösungen arbeitet, wurde erst kürzlich bekannt. Dazu später mehr.

Satz 2 (Produktqualität): *In einer schnellen Volkswirtschaft werden Güter höherer Qualität konsumiert.*

Beweis: Für $v>0$ gilt $(1-v^2/c^2)^{-1/2} >1$, so daß die linke Seite von (6) größer ist als die linke Seite von (2). Folglich muß *U()* im Vergleich zu einer langsamen Volkswirtschaft steigen, die Qualität von q muß also größer sein. Q.E.D.
Es ist offensichtlich, daß die Zeitdilatation eine wichtige Rolle in der Weinproduktion spielen wird, weil z. B. eine 15 Jahre alte Flasche Château Belgrave grand cru des großen Jahrgangs 2110 schon im Jahre 2118 entkorkt werden kann.
Aus den Sätzen 1 und 2 folgt unmittelbar

Folgesatz 2 (Intergalaktische Zahlungsbilanz): *Dienstleistungsexporte einer offenen Planetarwirtschaft werden relativ zum Güterhandel expandieren.*

Dies läßt sich leicht illustrieren. Die Zoll- und Freihandelsunion der Großen Magellanschen Wolke wird 2110er Château Belgrave nicht importieren, weil er während des Transportes weniger reifen würde als während des Anfluges magellanscher Kulinartouristen nach Frankreich.[32]

Das kosmische Zentraltheorem ist darüber hinaus von Bedeutung für die Struktur des intergalaktischen Kapitalmarktes.
Dazu zunächst eine *Definition*:
Kreditverträge gelten als dilatationsbezogen Schuldner-(Kreditgeber-)denominiert, wenn die den Vertragskonditionen zugrun-

[32] Die seit Jahren zu beobachtende Tendenz zum Selbstabholen alkoholischer Getränke wird deshalb weiter anhalten.

deliegende Zeit(veränderung) die Eigenzeit des Schuldners (Gläubigers) ist.[33]

Es läßt sich jetzt zeigen, daß gilt:

Satz 3 (Intergalaktischer Kapitalverkehr): *Relativ schnell (langsam) fliegende Kreditgeber haben einen komparativen Vorteil auf dem intergalaktischen Kapitalmarkt, wenn und nur wenn Kreditverträge dilatationsbezogen schuldnerdenominiert (kreditgeberdenominiert) sind.*

Beweis: Aus dem kosmischen Zentraltheorem und Definition 1 folgt, daß bei vertraglichem Zugrundeliegen der Eigenzeit des Schuldners, dieser indifferent ist bezüglich der Geschwindigkeit des Gläubigers. Letzterer erzielt aber einen höheren Zinsertrag, wenn er sich relativ zum Schuldner schneller fortbewegt. Der Beweis für den Fall dilatationsmäßig kreditgeberbezogener Verträge ist analog. Q.E.D.

Aus Satz 3 resultieren unmittelbar die Folgesätze 3 und 4 *(ohne Beweis).*

Folgesatz 3 (Migration 1): *Das Migrationsverhalten der Kreditgeber hängt im Gegensatz zur dilatationsfreien, offenen Volkswirtschaft nicht vom Klima und den Steuergesetzen, sondern von dilatationsspezifischen Normen ab.* [34]

---

[33] Grundsätzlich können Kreditverträge auch in Eigenzeiten Dritter denominiert sein. Hierbei entsteht aber das Problem, wie bei Verkehrsunfällen des Dritten und der damit verbundenen erheblichen Reduzierung seiner Geschwindigkeit zu verfahren ist.

[34] Bezieher von Zinseinkünften werden deshalb die Strände von Monaco und Marbella verlassen und entweder auf einen Hochgeschwindigkeitsplaneten emigrieren oder sich ›off-shore‹ in der Nähe von Fixsternen niederlassen.

Folgesatz 4 (Migration 2): *Das Migrationsverhalten der Kreditnehmer hängt im Gegensatz zur dilatationsfreien, offenen Volkswirtschaft nicht von der Verfügbarkeit billigen Wohnraums und generösen Sozialgesetzen ab, sondern ebenfalls von dilatationsspezifischen Normen.*

Offensichtlich haben Schuldner und Gläubiger diametral entgegengesetzte Präferenzen bezüglich der Relativgeschwindigkeit.[35]

In diesem Abschnitt wurden nur einige, wohl aber wesentliche Grundzüge der Weltraumökonomik entwickelt. Es würde den Rahmen dieser Arbeit sprengen, alle Implikationen der Zeitdilatation für ökonomische Vorgänge zu analysieren. Die erzielten Ergebnisse belegen jedoch, wie sensibel wichtige ökonomische Zusammenhänge auf die Geschwindigkeit reagieren. Rationale Wirtschaftssubjekte werden die Zeitdilatation bei sich stetig verbessernden Reisetechnologien zunehmend mit in ihr Kalkül einbeziehen.

---

[35] Dies steht in krassem Gegensatz zu einer langsamen Volkswirtschaft. Dort ist der Gläubiger immer nur mit mindestens der gleichen Geschwindigkeit hinter dem Schuldner her. Wieder anders liegen die Präferenzen bei Sopranistinnen und Tomatenwerfern, wie *Georges Perec* (1987) in DE IACULATIONE TOMATONIS (Litzelstetter Libellen Nr. 2, Abteilung Handbüchlein und Enchiridia), Konstanz, nachweist. Der relative Immobilismus der dort experimentell untersuchten *Cantatrix sopranica L.* ist bei den beschriebenen Maßnahmen zu ihrer Ruhigstellung allerdings wenig verwunderlich.

IV. Intergalaktischer Handel und Verschuldung

Viele Probleme dieser Welt sind einer neoklassischen Sichtweise zugänglich – wenn nicht sogar alle. Das gilt auch für die Frage nach der Ursache für das irdische Handelsbilanzdefizit.[36] So soll das Problem der irdischen Verschuldung hier einer wirtschaftstheoretischen Untersuchung zugänglich gemacht werden. Bedingt durch die Thematik sind dabei auch intertemporale Zusammenhänge zu berücksichtigen.[37]

Die wesentlichen Gesetzmäßigkeiten dieser Zusammenhänge in der Zeit (und im Raum) wurden im vorhergehenden Abschnitt dargestellt. Als grundlegende Hypothese der hier folgenden Ausführungen soll angenommen werden, daß die Zukunft auf der Erde[38] stärker abdiskontiert wird als im extraterrestrischen Bereich.

Dies führt, wie im folgenden zu zeigen sein wird, zu einem Verschuldungszyklus, in dem ein repräsentativer Extraterrist in den Anfangsperioden zunächst einmal spart. Die

[36] Vgl. Schaubild 1.

[37] Intertemporale Zusammenhänge sind allgegenwärtig. Sie manifestieren sich z. B. in der Frage, ob es günstiger ist, eine Besorgung auf morgen oder lieber auf übermorgen zu verschieben.

[38] »Erde«: in der Nomenklatur unserer humanistisch gebildeten Handelspartner in der Magellanwolke *terra habilis* genannt. Irdische Ökonomen verharren weiterhin beim geozentrischen Weltbild und verwenden den Begriff »Welt«. Im folgenden ist diese eigentlich unangemessene Begrifflichkeit beibehalten.

Frage, warum ein extraterrestrischer Händler die Zukunft weniger abdiskontiert, ist leicht zu beantworten. Extraterristen reisen mit annähernd Lichtgeschwindigkeit durch den Raum, und somit läuft für sie wegen der Relativitätseffekte die Zeit langsamer ab als auf der Erde. Durch Variation seiner Geschwindigkeit kann ein Extraterrist also selbst bestimmen, wie schnell seine Zeit vergeht. Es wird realistischerweise angenommen, daß der extraterrestrische Händler zwei Perioden lang lebt und daß es in jeder Periode genau ein Konsumgut gibt.

Mit c_s sei der Konsum des Individuums in Periode s bezeichnet. Die Präferenzordnung wird durch eine Nutzenfunkion $U(c_1,c_2)$ repräsentiert,

$$(8) \qquad U(c_1, c_2) = ln\ c_1 + a\ ln\ c_2$$

wobei a (<1) der Diskontfaktor[39] ist. Weiterhin sei angenommen, daß sein Einkommen in jeder Periode aus jeweils einer Einheit des Konsumguts besteht. Der Preis des Konsums der zweiten Periode, gemessen in Einheiten des Konsums der ersten Periode, wird durch R repräsentiert (gleich eins durch eins plus Zinsrate). Der Händler wählt c_1 und c_2, um seinen Nutzen

$$ln\ c_1 + a\ ln\ c_2,$$

---

[39] Um bedauerliche Fehlschlüsse nicht zu fördern, sei auf die gravierenden Unterschiede zwischen unserem Diskontfaktor und der Diskontierungsrate hingewiesen, wie sie bei *Lehner/Meran/Möller* (1981/5. Aufl. 1989) im Kontext von Versündigungsintensität, Bekehrungszeitraum und Schmorzeit bestimmt wird: DE STATU CORRUPTIONIS, Entscheidungslogische Einübungen in die Höhere Amoralität (Litzelstetter Libellen Nr1,. Abteilung Handbüchlein und Enchiridia), S. 33.

unter der Nebenbedingung

(9) $c_1 + Rc_2 = 1 + R,$

zu maximieren. Offensichtlich lautet die Lösung

(10) $c_1 = (1 + R) / (1 + a)$

(11) $c_2 = a (1 + R) / R (1 + a).$

Wir nehmen weiter an, daß die Weltzinsrate unveränderlich und gleich der Diskontrate des extraterrestrischen Händlers ist $(R = a)$. In diesem Fall lautet die Lösung: $c_1 = c_2 = 1$, so daß es keinen Handel gibt.

Wenn der Händler aber schnell fährt, verschiebt er seine zweite Periode, wenigstens vom Standpunkt der Welt aus gesehen. Wenn er seine zweite Periode um t Perioden verschiebt (bei $t=1$ würden Relativitätseffekte vernachlässigt, und t gegen Unendlich entspricht Lichtgeschwindigkeit), dann wird R gleich a^t. So vermindert er durch Erhöhung seiner Reisegeschwindigkeit die Zinsrate für Schulden bzw. Anlagen, die er in der Welt in der Periode 1 aufnimmt bzw. erwirbt.

Bei Berücksichtigung dieser Zusammenhänge ergibt sich ein neues Optimierungsproblem, in dem er c_1 , c_2 und t wählen kann – wobei natürlich angenommen wird, daß Reisekosten[40] auch bei hoher Geschwindigkeit vernachläs-

[40] Reisekosten werden ansonsten nach den ins Gründungsprotokoll des intergalaktischen Handelspools übernommenen Sätzen des baden-württembergischen Beamtenrechts abgerechnet. Vgl. *Cleverle, L.* (1990), From Bietigheim to Alpha Centauri: How We Did It And Why, Sindelfingen Press.

sigbar sind. Um dies zu lösen, ist die Nutzenfunktion des ursprünglichen Problems zu betrachten

$$(12) \quad ln(((1 + R)/(1 + a))^{1+a}(a/R)^{a})\ .$$ [41]

Die Ableitung dieses Ausdrucks nach *R* hat dasselbe Vorzeichen wie $(R - a)$. Da er $R = a^t$ für jedes *t* frei wählen kann, ist sein Nutzen umso höher, je größer *t* ist. Wegen $R<a$ ist

(14)[42] $c_1 < 1, c_2 > 1.$

Die optimale Lösung besteht offensichtlich darin, so schnell wie möglich zu reisen, um die Zinsrate über die Diskontrate steigen zu lassen. Der Händler zieht es vor, zum höchstmöglichen Zinssatz zu sparen. Aus irdischer Sicht ergibt sich folglich ein Handelsbilanzdefizit in der Anfangsperiode.

Ein nahezu unlösbares theoretisches Problem ergibt sich jedoch, wenn auch Geschwindigkeiten sehr nahe an der Lichtgeschwindigkeit möglich sind.[43] Wenn man zu einer Betrachtung in stetiger Zeit übergeht, so bedeutet das, daß der Handel pro Periode irdischer Zeit gegen Null geht. Die

---

[41] Bei hoher Geschwindigkeit ist seine Masse größer. Dies kann zu einer Änderung seiner Präferenzordnung führen, und zu einem erhöhten Kalorienbedarf. Vgl. dazu aber *Verwait, O.* (2014), The Disturbing Growth of Anorexia Nervosa among Space-travelling Salesmen, Food 3, S. 231–238.

[42] Eine Gleichung (13) wurde hier aus redaktionellen Gründen übergangen.

[43] Auch andere Probleme ergeben sich, vgl. *Wick, K.* (2000), Fast Trading, Martian Journal of High Speed Collisions 23, S. 17–29.

Lösung für dieses »Paradoxon« ist, daß die Zahl intergalaktischer Händler gegen unendlich gehen muß. Somit ergäbe sich wieder ein hinreichend großes Handelsvolumen – wie es ja auch den empirischen Beobachtungen entspricht. Der empirische Nachweis einer solchen Vielzahl extraterrestrischer Händler steht allerdings noch aus.

V. Interstellare Handelshemmnisse und ihre Folgen

Neben den Phänomenen der Dilatation, deren Relevanz sich auf schnelle Volkswirtschaften beschränkt, ergeben sich im intergalaktischen Handel weitere, noch allgemeinere Probleme, die auf die Fragwürdigkeit grundlegender Axiome der ökonomischen Wissenschaft hinweisen.

Wie ist es denn nun mit der Gleichzeitigkeit? Muß der Tausch nicht neu gefaßt werden, wenn Geben und Nehmen zeitlich auseinanderfallen? Im intraterrestrischen Handel mag das Postulat der Gleichzeitigkeit seinen Sinn haben. Man denke an die neuen Technologien der Nachrichtenübermittlung, an unser modernes Transportsystem, das die Entfernungen schrumpfen[44] läßt. Im intergalaktischen Handel jedoch stößt dieses Konzept an seine Grenze.

Der idiosynkratische[45] Charakter intergalaktischer Warenströme birgt Gefahren des optimalen Vertragsbruchs. Das Marktsystem ist nicht mehr in der Lage, über Preise die richtigen Anreize zu setzen. Der intergalaktische Handel – noch in den Kinderschuhen – kommt zum Erliegen.

---

[44] Gegenteilige Erfahrungen häuften sich zwar gegen Ende des 20. Jahrhunderts, sind jedoch zur Kategorie transitorischer Rahmenbedingungen zu zählen; *Schweizerische Autopartei* (1989), ›Durch diese hohle Gasse muss ich kommen‹. Der Stau als GAU, Rütli Verlag St. Gallen

[45] Vgl. zum Begriff der Idiosynkrasie *Siebert* (1989b).

Ein einfaches Modell[46] mag das veranschaulichen.
Wir nehmen an, *x* sei die Lebenserwartung einer repräsentativen Person *RP*. Diese Person wünscht ein extraterrestrisches Gut *M* (wie z. B. Manna) zu erwerben und bietet zum Tausch eine bestimmte Menge eines weltlichen Gutes *C* (wie z. B. *Château Belgrave grand cru*) an. Der Relativpreis *P*, hier gemessen in Flaschen Manna pro Flasche *Château Belgrave grand cru*, sei gegeben und bekannt. Die Entfernung zwischen den Wohnorten des weltlichen Individuums *RP* und des extraterrestrischen Individuums *ET* betrage *y* und werde in Lichtjahren gemessen. Man kann sich nun vorstellen, daß der Handel in vier Phasen unterteilt werden kann:

1. Angebot (›*Signalling*‹)
2. Annahme des Angebots (›*Matching*‹)[47]
3. Versendung (›*Transport*‹)
4. Reklamation (›*Revenge*‹)[48]

---

[46] »Nicht jedes Modell kann schwierig sein; auch dünne Bretter wollen gebohrt sein.« *Niels Bohr* in: Der junge Schreiner. Zeitschrift für das gesamte holzverarbeitende Gewerbe (Journal of Industrial Timber Engineering [JITE] 1971/4, S. 27.

[47] Um uns die Sache nicht zu einfach zu machen, betrachten wir hier den Fall der Annahme. Der andere Fall ist kurz erläutert: Da kein Handel stattfindet, ist er für den Außenhandelstheoretiker nur von geringem Interesse. Es gibt jedoch auch hier Ausnahmen, etwa *Pretender, A. P.*, (1971), Identification of Trade Patterns in Autarky Situations: Theory, Empirical Evidence, and Policy Implications. Unpublished Ph. D. Thesis, Louvain.

[48] Reklamation mag ein schwaches Wort sein für das, was *RP* erwartet, wenn der Kunde nicht zufriedengestellt ist. Exakter formuliert: Der Grenzschaden der Reklamation sei größer als der Grenznutzen, der bei Betrug erzielt werden kann. Dies ist bekanntlich das, was den *Homo Oeconomicus* härter trifft als alles andere. Man stelle sich etwa neue Laser-gestützte Vergeltungstechnologien vor.

Geht man davon aus, daß die Signalisierung der Tauschwünsche kostenlos[49] ist und der Tausch selbst ebenfalls friktionslos in der Nähe der Lichtgeschwindigkeit vonstatten geht, dann dauert jede dieser Phasen *y* Jahre. Es sind nun zwei Fälle zu unterscheiden:

Fall 1: $4y > x$.

Hier ergibt sich folgendes Anreizproblem: Individuum *RP* stirbt, bevor die Reklamation es erreicht. Es handelt sich also um einen nicht durchsetzbaren Vertrag, bzw. einen ›Unenforceable Contract‹, *UC*. Rationales Verhalten besteht in diesem Falle im Vertragsbruch; Eingeweihte sprechen auch von postkontraktuellem Verhalten oder ›Postcontractual Behavior‹,[50] im folgenden kurz mit *PB* bezeichnet.

Um die Problematik evident zu machen, erweist es sich als günstig, eine Präferenzrelation R_i einzuführen, wobei *i* die Ausprägungen *RP* und *ET* annehmen kann. Das Subskript bezeichne, wer die Präferenz äußert (oder hat, aber verschweigt). So heißt $a\ R_{ET}\ b$, daß *ET* die Alternative *a* der Alternative *b* vorzieht (natürlich im Sinne einer starken Prä-

[49] Vgl. *Franke, G.* (1987), Costless Signalling in Financial Markets, Journal of Finance 42, S. 809–822. Auch *Berger, R.T.L* (1989), How to flirt in public. A polemic approach to Jurgen Habermas' »Theorie des kommunikativen Handelns«, Readers Digest.

[50] Diese amerikanische Schreibweise hat sich, zumindest in der ökonomischen Forschung, der englischen (›Behaviour‹) als überlegen erwiesen. Vgl. hierzu: *P. Dant* (1984), On the Occurrence of U-shaped Profiles in Economic Behavio(u)r, Journal of Economic Methodology and Related Humor 4, S. 1–47.

ferenz). Die Individuen haben zwei Handlungsmöglichkeiten[51] f und r. f bezeichne Fehlverhalten, d. h. den versuchten Betrug am Vertragspartner, im Extremfall das Nichtliefern. r dagegen bezeichne Handeln im Sinne des Vertrages oder, juristisch gewendet – wir beanspruchen schließlich Interdisziplinarität –, die Rücksicht (daher r) auf die Verkehrssitte.[52]

Wir wollen im folgenden die Namen der Individuen, mit Subskripten f bzw. r versehen, als Strategien verstanden wissen, z. B. ET_f : ET betrügt. Da beide Individuen Strategien haben können, ergeben sich vier Strategienpaare, die sich aufgrund der Wirkungslosigkeit von Reklamationen wie folgt ordnen lassen:

$$(RP_f,ET_r)\ R_{RP}\ (RP_r,ET_r)\ R_{RP}\ (RP_f,ET_f)\ R_{RP}\ (RP_r,ET_f)\ ,$$

$$(RP_r,ET_f)\ R_{ET}\ (RP_r,ET_r)\ R_{ET}\ (RP_f,ET_f)\ R_{ET}\ (RP_f,ET_r)\ .$$

Wie man leicht sieht, handelt es sich hier um ein Gefangenendilemma.[53]

---

[51] Die generelle Behauptung der transzendentalpragmatischen Philosophie, insbesondere seit dem *hermeneutic-linguistic-pragmatic turn*, Individuen hätten mehr als zwei Handlungsmöglichkeiten, bleibt hier zur Straffung unserer Argumentführung außer Betracht.

[52] Vgl. §§157 und 242 BGB.

[53] Eine spieltheoretische Erweiterung dieses Problems, wenn auch mit terrestrischen-transzendentalen Präferenzstrategien, veranschaulicht *Mehlmann, A.* (1989), DE SALVATIONE FAUSTI, Die Wette zwischen Faust und Mephisto im Lichte von spieltheoretischem Calcül und neuerem Operational Research (Litzelstetter Libellen Nr.5, Abteilung Handbüchlein und Enchiridia), Konstanz.

Die Pareto-beste Lösung, Rücksicht auf die Verkehrssitte zu üben und intergalaktischen Handel zu treiben, steht bei beiden an zweiter Stelle der Präferenzliste. Gewählt wird jedoch die drittbeste Lösung. Beide betrügen. Da jeder des anderen Betrug antizipiert, wird es nicht zu intergalaktischem Handel kommen.[54] Wie ist dieses Gefangenendilemma zu erklären?

RP überlegt sich, was zu tun ist, wenn *ET* betrügt. Offensichtlich ist es besser, dann selbst auch zu betrügen. Wenn *ET* jedoch Rücksicht auf die Verkehrssitte übt, indem er *r* spielt, dann lohnt es sich für *RP*, wieder zu betrügen, denn aufgrund seiner kurzen Lebenserwartung wird jede Reklamation *(revenge)* zu spät kommen. Da auch *ET* so denkt, ist es für beide optimal zu betrügen, und intergalaktischer Handel kommt nicht[55] zustande.

---

[54] Im intraterrestrischen Bereich der Risikogesellschaft, wo »zirkuläre Gefährdungseffekte zur Einheit von Täter und Opfer führen können«, sind andere Konstellationen denkbar. Cf. *Beck, U.* (1986), Risikogesellschaft. Auf dem Weg in eine andere Moderne, Frankfurt/M.

[55] Dies gilt zumindest bei rational handelnden Individuen. Diese Annahme ist jedoch nicht immer gerechtfertigt. Anthropologen mutmaßen, daß der durch die Gebrüder Grimm bekannte Fall des »Mädchens mit den Sternthalern« nichts anderes darstellt als das Auftreten von »windfall profits« aus frühem intergalaktischen Handel. Diese erreichten wegen Ablebens den eigentlichen Destinaten nicht mehr. Vgl. *Grimm, J., W. Grimm* (1837), Kinder- und Hausmärchen, 3. Auflage, Göttingen, S. 590f. sowie *P.R.E. Interpreter* (1963), The Complete History of Economic Fairy-Tales: A Survey, Journal of Preintergalactic Trade 10,2, S. 101–103, und *R. E. Interpreter* (1964), The History of Economic Fairy-Tales: A Correction and Completion, Journal of Preintergalactic Trade 11,3, S. 1–132. Diese überaus interessante Diskussion hier weiter verfolgen zu wollen, würde leider den Rahmen dieser Arbeit sprengen.

Fall 2: $4\,y<x.$

In diesem Fall erreicht die Reklamation den Adressaten. Man überlegt sich leicht daß folgende Präferenzrelationen gelten.

$$(RP_r,ET_r)\ R_{RP}\ (RP_r,ET_f)\ R_{RP}\ (RP_f,ET_r)\ R_{RP}\ (RP_f,ET_f)\ ,$$

$$(RP_r,ET_r)\ R_{ET}\ (RP_f,ET_r)\ R_{ET}\ (RP_r,ET_f)\ R_{ET}\ (RP_f,ET_f)\ .$$

Welche Strategie der andere auch immer wählen mag, für beide Individuen ist es optimal, *r* zu spielen, da die Folgen der Reklamation fatal sind und der Schaden den Nutzen der einbehaltenen Ware übertrifft.
Aus diesem einfachen Modell ist folgendes Fazit zu ziehen: Wenn es eine obere Schranke der Geschwindigkeit der Nachrichtenübermittlung und des Transportes gibt, dann ist interstellarer Handel auf einen engen Bereich beschränkt.

Satz 4 (Kosmisches Unmöglichkeitstheorem): *Interstellarer Handel ist genau dann (immer dann und nur dann) unmöglich wenn*

(13) $4\,y > x.$[56]

[56] Hier sollte erwähnt werden, daß *Ricardo* (1817) in seinem Werk über die politische Ökonomie zu ganz anderen Bedingungen für das Zustandekommen von Handel gekommen ist. Ein Vergleich der unterschiedlichen Herangehensweisen an die Frage wäre – auch unter dogmenhistorischen Gesichtspunkten – von großem Interesse; dieses umfassende Thema kann an dieser Stelle jedoch nicht ausgeführt werden.

Satz 5 (Kosmisches Möglichkeitstheorem): *Interstellarer Handel ist genau dann (immer dann und nur dann) möglich, wenn Bedingung (13) nicht gilt.*

Nimmt man an, daß die Lebenserwartung eines Menschen bei 76 Jahren liegt und er erst mit Eintritt in die Volljährigkeit intergalaktische Geschäfte aufnehmen kann, so ergibt sich eine Maximalentfernung von 14,5 Lichtjahren. Darüber hinaus ist kein Handel möglich. Handel mit der Wega (24,5 Lichtjahre) gerät so in den Bereich des Unmöglichen.

Wie sieht es nun mit den Implikationen für praktische Wirtschaftspolitik aus? Der Sachverständigenrat hat in seinen Gutachten mehrfach[57] den Abbau von Hemmnissen empfohlen, die die freie Entfaltung des dynamischen Wettbewerbs behindern. Dieser Meinung ist unbedingt zuzustimmen. Die Zeit ist reif für eine Deregulierung des Weltalls. Insbesondere die Lichtgeschwindigkeit als obere Grenze der Nachrichtenübermittlung muß fallen. Erst dann wird es möglich sein, *alle* Vorteile des intergalaktischen Handels zu realisieren.

Zwar dient ökonomische Modellschreinerei der Erbauung der Eingeweihten, jedoch ist ihr praktischer Nutzen oft gering. Wie die vorhergehende Analyse zeigte, kann nur ein Hinausschauen über den Rand des Elfenbeinturms hier Abhilfe schaffen. Es wurde in Frage gestellt, was in Frage gestellt werden mußte: das Postulat der Gleichzeitigkeit von Geben und Nehmen im ökonomischen Tausch.

---

[57] Beim groben Durchschauen der letzten zehn Jahresgutachten haben wir 97 Fälle gefunden.

In diesem Abschnitt konnte gezeigt werden, wie sich aus der Einbeziehung physikalisch-institutioneller Gegebenheiten in das Denken des Ökonomen politische Handlungsanweisungen ableiten lassen, die den dynamischen Wettbewerb fördern und damit letztendlich dem Menschen dienen.

VI. Fazit und Ausblick

Wie die vorliegende Arbeit gezeigt hat, nahm die ökonomische Theorie der intergalaktischen Wirtschaftsbeziehungen seit ihren Anfängen einen ebenso stürmischen wie fruchtbaren Verlauf. Viele interessante und wichtige Fragen sind beantwortet, andere sind gestellt aber noch offen, und schließlich ist damit zu rechnen, daß in der Unendlichkeit des noch unerschlossenen und unkolonialisierten Universums Fragen[58] auf eine wissenschaftliche Antwort warten, von denen man heute noch keinerlei Vorstellung hat. Diese Arbeit soll deshalb schließen mit einem (unvollständigen) Ausblick auf die galaktische Herausforderung, der sich die Kosmoökonomie in der Zukunft noch zu stellen hat, will sie die in sie gesetzten Hoffnungen erfüllen.

Neueste, allesamt noch unveröffentlichte und sehr vorläufige, empirische Arbeiten deuten darauf hin, daß, analog zum Vergleich von Weltexporten mit Weltimporten, die gesamten Exporte des Universums nicht mit den gesamten Importen des Universums übereinstimmen. Würden diese Ergebnisse bestätigt, wäre der Beweis erbracht, daß ein extra-universaler Handel stattfindet. Dies wäre dann als in-

---

[58] Cf. *Iser, W./Jauss, H.-R./Toelke, W.* (1987), Wozu und überhaupt hat das Universum einen Fragehorizont? Mainz; *Iser, W./Jauss, H.-R./Toelke, W.* (1988), Das Quid pro quo antizipatorischer Fragestrategien und ihre marginale Bedeutung sub specie universi, Frankfurt/M.; *Iser, W./Jauss, H.-R./Toelke, W.* (1989), Risikofragen, Glücksfragen und die ewige Frage wozu. In: Gedenkbuch für Benn, Wumm und Wendelin, Zürich.

direkter Beweis für eine in der Physik seit einiger Zeit heftigst diskutierte Theorie zu bewerten, wonach die Existenz von »Objekten« nicht auszuschließen ist, für welche – im Gegensatz zu allen bisher nachgewiesenen – die Lichtgeschwindigkeit nicht als absolute Obergrenze, sondern als absolute Untergrenze der Geschwindigkeit anzusehen ist.

Ein Handel mit einem solchen »Paralleluniversum« würde das in dieser Arbeit diskutierte Handelshemmnis »Lichtgeschwindigkeit« nicht nur brechen, sondern darüber hinaus geradezu phantastische Anreize für Handel schaffen, ist doch zu beachten, daß solche »Objekte« mit Überlichtgeschwindigkeit nicht nur eine negative Masse haben müssen, sondern daß für sie die Zeit rückwärts ablaufen muß und somit ein Davor niemals ein Danach.[59] beeinflussen kann. Aus einer Anwendung des einfachen Heckscher-Ohlin Theorems[60] würde daraus sofort folgen, daß das Unterlichtgeschwindigkeitsuniversum mit seinem gerade umgekehrten Kausalitätsgesetz einen komparativen Vorteil in der Produktion von »Ursachen« im Überlichtgeschwindigkeitsuniversum aufweisen würde und umgekehrt.

---

[59] Die phantastischen Anreize bestehen nicht nur im Bereich des Handels: Die literaturwissenschaftliche »School of Constance« bereitet bereits die Erforschung der eigenen Wirkungsgeschichte – am 23. März 1989 von La Silla aus als kugelsternförmige Textur im Bereich von Omega Centauri beobachtet – auf die *Querelle des Anciens et des Modernes* (im 18. intraterrestrischen Jahrhundert) vor.

[60] Zum Heckscher-Ohlin Theorem vgl. *Siebert, H.* (1989a) Außenwirtschaft, 4. Auflage, Heidelberg, oder *Rose, K.* (1997), Theorie der Außenwirtschaft, 67. Auflage (in Vorbereitung).

Mit dem jeweiligen Vorteil eines ex-post Informationsstandes können beide Universümer[61] für das jeweils andere Universum »Ursachen« rechtzeitig exportieren. Ein solcher Handel mit »Ursachen« könnte den Lauf der Zeit zum Wohle beider Universümer beeinflussen.[62]

Aber nicht nur solch visionäre Fragen, sondern vor allem auch solche, welche die Wissenschaft jetzt beschäftigen, sind noch unbeantwortet.
Die erfolgreichen Expeditionen ins kosmische Unbekannte führten zur Entdeckung vieler neuer, allesamt bemerkenswert hochentwickelter, aber eher fremdartiger Kulturen. Handel mit ihnen ist natürlich mit erheblichen Harmonisierungsproblemen verbunden.[63] Eine Überwindung der Berührungsängste zum Zwecke einer fruchtbaren Zusammenarbeit zwischen der Kosmoökonomie und

---

[61] Da gemäß dem *Duden* »Universum« keinen Plural hat, der *Duden* somit im Lichte neuester kosmischer Erkenntnisse unvollständig ist, haben die Autoren diesen für sie so überaus seltenen Gestaltungsspielraum gerne ausgenutzt und sich zwischen den möglichen Alternativen »Universa«, »Universen« und »Universümer« für Letzteres entschieden. Diesbezüglichen kritischen Leserbriefen in der *FAZ* sehen wir mit Spannung entgegen.

[62] Vgl. dazu als einen ersten Ansatz *Hardly-True, O.* (2002), The New Economics of Hindsight When Time Runs Backwards, Science 225, S. 1234–1248.

[63] Exemplarisch seien genannt die *BCC-Studie* (1995), How to Market Wrighleys When the Target Group Has No Teeth?, The-Boston-Consulting-Company Study 391, S. 1–53, sowie die *McKlinsey-Studie* (1996), Coke für Trachealatmer, McKlinsey Almanach für Management 111, S. 10–40. Man beachte in diesem Zusammenhang aber auch die irdischen Probleme der Vergangenheit, z. B. die *Brain-Studie* (1972), Wie bekommt man einen europäischen Kühlschrank durch eine japanische Tür?, Brain-Consulting-KurzInfo 58, S. 12.

der aus der Tradition der Anthroposophie entstandenen Kosmoposophie wäre hier überaus wünschenswert, beinahe notwendig.

Intergalaktischer Handel bringt aber nicht nur wirtschaftliche Vorteile, er kann auch als Element einer offenen Gesellschaft im Sinne *Karl Poppers* (1944) interpretiert werden: Intergalaktischer Handel schafft Bewegungsspielraum für Individuen wie die Freizügigkeit von Personen über weltliche Grenzen hinweg und den Erwerb von Gütern aus anderen Galaxien, wie etwa von extraterrestrischen Publikationen (hoffentlich nicht zuletzt auch der vorliegenden). Es ist deshalb nicht überraschend, daß geschlossene Gesellschaften dazu neigen, die Außenbeziehungen einzuschränken und ihnen eine Lückenbüßerfunktion zuzuweisen.

Bei der Diskussion um die prekäre Zahlungsbilanzsituation der Welt und der damit verbundenen intergalaktischen ökonomischen Probleme gerät demnach allzu leicht in Vergessenheit, warum die Welt überhaupt Außenhandel betreibt, nämlich um die Vorteile der intergalaktischen Arbeitsteilung durch Güteraustausch und Faktorwanderungen auszuschöpfen. Bereits *Adam Smith* (1776, S. 416) schrieb prophetisch:

»Between whatever places foreign trade is carried on, they all of them derive two distinct benefits from it. It carries out that surplus part of the produce of their land and labour for which there is no demand among them, and brings back in return for it something else for which there is a demand. It gives a value to their superfluities by exchanging them for something else, which may satisfy a part of their wants, and increase their enjoyments.«

Anhang

Die Zeitdilatation, d. h. die Verschiebung der Zeit relativ zu einem Referenzobjekt im Universum, ist bestimmt durch die Formel

(A.1) $dt = dT(1-v^2/c^2)^{1/2}$.

dt ist die Veränderung der Eigenzeit für ein betrachtetes Objekt *X*. *dT* ist die Eigenzeitveränderung für ein Referenzobjekt *Y*. *v* bezeichnet die Geschwindigkeit von *X*, mit der es sich relativ zu *Y* fortbewegt. Die konstante Lichtgeschwindigkeit sei gegeben durch *c*.

Je schneller sich *X* relativ zu *Y* fortbewegt (je größer *v*), um so langsamer dreht sich für *X* der Uhrzeiger relativ zu *Y*. Bewegen sich beide gleich schnell ($v=0$), dann gilt $dt=dT$.[64] Huscht *X* mit Lichtgeschwindigkeit durchs All ($v=c$), dann bleibt für *X* die Zeit stehen.

Durch Integration von (A.1) erhält man, sofern man auf der nun folgenden Seite weiterliest, die relative Zeit beider Objekte

---

[64] Bevor jemand mit vergleichendem Blick zur Kirchturmuhr seine Schweizer Armbanduhr zum Uhrmacher trägt, vergewissere er sich deshalb zuvor, daß er sich weder langsamer noch schneller als der Kirchturm bewegt.

(A.2) $t = T(1-v^2/c^2)^{1/2} + k$,

wobei *t (T)* die Zeit von *X (Y)* ist und *k* die Integrationskonstante.

Für den mit der vierten Dimension unvertrauten Leser sei die Zeitdilatation anhand von Schaubild 3 verdeutlicht.

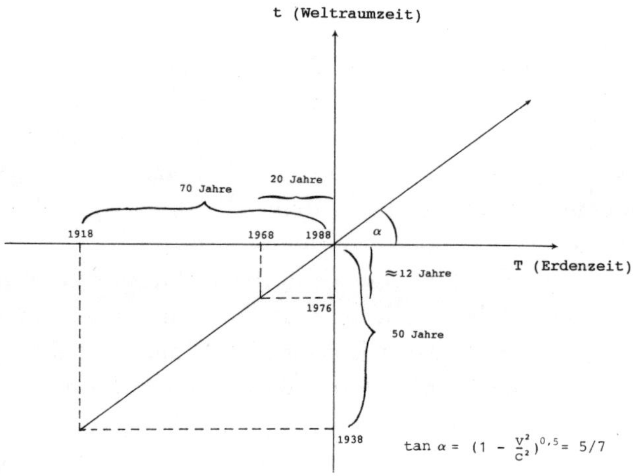

Schaubild 3: Veranschaulichung der Zeitdilatation für dreidimensionale Leser

Von der Erde, dem Referenzobjekt, aus betrachtet, komme ein Wesen irgendwo weit hinter dem Mond in seinem Jahre 1938 zum Planeten und bewege sich mit hoher Geschwindigkeit durchs All $((1 - v^2/c^2)^{1/2} = 5/7)$.

1988 komme dieses Wesen, fünfzigjährig, auf der Erde an.

Dort erregt es natürlich ziemliches Aufsehen und veranstaltet beträchtlichen Wirbel.[65]

Denn seine irdischen Mitwesen, welche »eigenzeitgleich« zur Welt kamen, sind inzwischen siebzigjährig. Kein Wunder, daß sie, im Vergleich zu ihm, relativ alt aussehen.[66] Andererseits neigt es dazu, junge Erdenbürger, welche wissensdurstig an seinen kosmischen Erfahrungen teilhaben wollen, nicht ernst genug zu nehmen, sind doch seit der Geburt von z.B. Zwanzigjährigen nach seiner Zeitrechnung gerade erst etwas mehr als 12 Jahre vergangen. Wie immer die Erfahrungen der Menschen mit diesem kosmotischen[67] Wesen sein mögen, haben sie einmal das Gesetz der Zeitdilatation erkannt, wird ihnen klar, daß sein Aufenthalt leider nur von kurzer Dauer sein dürfte, dürfte es doch schon sehr bald von Fernweh gepackt zu neuen Himmeln aufbrechen.

---

[65] Zur extraterrestrischen Konflikt- und Friedensforschung siehe insbesondere *Spealberg, S.* (1989), How to Behave During an Encounter of the Third Kind, in *von Braun, W.* (Hrsg.), The Psychology of E.T.'s, First NASA Symposium on Cosmic Gallantry, Miami: Vice Press.

[66] Die Vermutung, daß die markant ausfallenden Feiern, die an der Universität Konstanz den Ordinarien bereits zum 60. Geburtstag ausgerichtet werden, diesen Effekt relativer Perzeption unterlaufen sollen, entbehrt vorerst jeder Grundlage. Cf. *N. N.* (1989ff.), Warum mir kein internationales Kolloquium ausgerichtet wurde. Ein Schmähruf an meinen Mittelbau, Universitätsrede (auf Diskette erhältlich).

[67] Gebräuchlicher ist das Wort »exotisch«. Da *(1-v2/c2)1/2 = 5/7* etwa der siebenfachen Explosionsgeschwindigkeit einer Supernova entspricht, würde eine Reise von der Südsee nach Mitteleuropa mit solcher Überschallgeschwindigkeit keine 50 Jahre dauern. Deshalb wird hier, auch im Hinblick auf einen empirischen Bezug dieser wissenschaftlichen Abhandlung, dem Wort »kosmotisch« der Vorzug gegeben.

Schrifttum

Atemp, O. (1994), A Neo-Rawlsian Theory of Time, Annals of Speed and Justice 98, S. 12-31.

BCC-Studie (1995), How to Market Wrighleys When the Target Group Has No Teeth?, The-Boston-Consulting-Company Study 391, S. 1-53.

Beck, U. (1986), Risikogesellschaft. Auf dem Weg in eine andere Moderne, Frankfurt/M.

Becker, G. Jr. (1999), Marital Promises and Escape Through the Black Hole, New York: Academic Printers.

Berger, R.T.L. (1989), How to flirt in public. A polemic approach to Jurgen Habermas' »Theorie des kommunikativen Handelns«, Readers Digest.

Bohr, N. (1971), in: Der junge Schreiner. Zeitschrift für das gesamte holzverarbeitende Gewerbe (Journal of Industrial Timber Engineering [JITE])

Boulding, K. (1966), The Economics of the Coming Space Ship Earth, in: H. Jarret (Hrsg.), Environmental Quality in a Growing Economy, Baltimore.

Bourdieu, P. (1979), Entwurf einer Theorie der Praxis, Frankfurt/M.

Brain-Studie (1972), Wie bekommt man einen europäischen Kühlschrank durch eine japanische Tür?, Brain-Consulting KurzInfo 58, S. 12.

Cabbage, H. (1988), The Caravane must go on, Collected Works, Oggershyme.

Ciccione, M. (1989), Life is a Mystery (als CD).

Cleverle, L. (1990), From Bietigheim to Alpha Centauri: How We Did It And Why, Sindelfingen Press.

Collinearity, Multi und Square, Chi (1987), How to Forecast on the Basis of Speculation and with the Knowledge of Nothing, Journal of Forecasts You Might Need 6, S. 1-195.
Daimler-Gmelin, W.-N. (1978ff), Die grammatikalische Behandlung des weiblichen Erkenntnissubjekts aus matrizentrischer Sicht, Working Girl Quarterly,
Daniel, H.-D. / Fisch, R. (1988), Evaluation in der Forschung, Universitätsverlag Konstanz.
Dant, P. (1984), On the Occurrence of U-shaped Profiles in Economic Behavio(u)r, Journal of Economic Methodology and Related Humor 4, S. 1-47.
Demandpull, J.M. (1945), Locomotives in International Trade, American Railroad Review 1, (mit 64 farbigen Abbildungen) S. 17-186.
Derrida, J. (1972), »Ich habe meinen Regenschirm vergessen«: Über Schleier und Kastration, Hermeneutik und Hermetik bei Nietzsche, Cerisy-la-Salle.
Forobotn, E. (1978), Who Owns a Texan Bull and Who Milks It?, Quarterly Diary of the Western Dairy 17, S. 1-15.
Fortuneteller, F. (1986) Forecasting without Samples, Journal for Prophetic Economics and Policy Advice 544, S. 12-88.
Franke, G. (1987), Costless Signalling in Financial Markets, Journal of Finance 42, S. 809-822.
Galbraith, J.K., (1958), The Affluent Society, Cambridge.
Grimm, J., W. Grimm (1837), Kinder- und Hausmärchen, 3. Auflage, Göttingen.
Hardly-True, O. (2002), The New Economics of Hindsight When Time Runs Backwards, *Science* 225, S. 1234-1248.
International Monetary Fund, International Financial Statistics, verschiedene Ausgaben.
Interpreter, P.R.E. (1963), The Complete History of Economic Fairy-Tales, Journal of Preintergalactic Trade 10/2, S.4f.

Interpreter, R. E. (1964), The History of Economic Fairy-Tales: A Correction and Completion, Journal of Preintergalactic Trade 11/3, S. 1-132.
Iser, W./Jauss, H.-R./Toelke, W. (1987), Wozu und überhaupt hat das Universum einen Fragehorizont? Mainz.
Iser, W./Jauss, H.-R./Toelke, W. (1988), Das Quid pro quo antizipatorischer Fragestrategien und ihre marginale Bedeutung sub specie universi, Frankfurt/M.
Iser, W./Jauss, H.-R./Toelke, W. (1989), Riskofragen, Glücksfragen und die ewige Frage wozu. In: Gedenkbuch für Benn, Wumm und Wendelin, Zürich.
Keynes, J.M. (1931), Economic Possibilities of Our Grandchildren, in: Essays in Persuasion, Cambridge; zitiert nach *K.E. Boulding*, The Collected Writings of J. M. Keynes, Vol. IX, Cambridge 1972.
Leader, William (1986), Following the Trend, Stackelburg.
Luhmann, N. (1989) Gesellschaft und Semantik, Frankfurt/M.
*McKlinsey-Studi*e (1996), Coke für Trachealatmer, McKlinsey Almanach für Management 111, S. 10-40.
M., P. (1989) Amberland, Paranoia City Verlag, Zürich.
Meister, W. (1981), Ätherfreie Anästhesie, Jahrbuch für HNO-Chirurgie 12, S. 801-807.
Multiplier, M. (1980), On the Efficient and Economic Use of Adhesives, Scissors, and Contact Prints, in: Waste, W., Hrsg., Essays in Abusing Resources, S. 23-202.
N.N. (1989ff.), Warum mir kein internationales Kolloquium ausgerichtet wurde. Ein Schmähruf an meinen Mittelbau, Universitätsrede (Konstanz), auf Diskette erhältlich.
Pack, L. (1984), Der Einfluß der Faktorpreise auf die optimale Fahrgeschwindigkeit von Kraftfahrzeugen – Eine empirisch fundierte kostentheoretische Analyse, Universität

Konstanz, Fakultät für Wirtschaftswissenschaften und Statistik, Diskussionspapier Serie C-Nr. 5, Januar.
Perrier, V. (1984), L'Évaluation de la Crème de Cassis, Vichy
Petöfi, J. (1932), in: Akten des Colloquiums »Christliche Ikonographie in heidnischer Zeit, Memmingen.
Popper, K. (1944), The Open Society and Its Enemies, Irgendwoinengland.
Pretender, A. P., (1971), Identification of Trade Patterns in Autarky Situations: Theory, Empirical Evidence, and Policy Implications. Unpublished Ph. D. Thesis, Louvain.
Ricardo, D. (1817), On the Principles of Political Economy and Taxation, London.
Rose, K. (1997), Theorie der Außenwirtschaft, 67. Auflage (in Vorbereitung).
Sachverständigenrat zur Begutachtung der wirtschaftlichen Lage in der Bundesrepublik Deutschland (div. Jahrg.), Jahresgutachten des Sachverständigenrates zur Begutachtung der wirtschaftlichen Lage in der Bundesrepublik Deutschland, Bonn.
Sartre, J. P. (1919, unveröffentlicht), L'Äthre et le Néant
Schäufele, A. (Hrsg.) (1982), »Ehe denn die Berge wurden...«: Was Luther in seiner Psalmenübersetzung wirklich meinte. Schriftenreihe des oberschwäbischen Fundamentalismus Nr. 118.
Schweizerische Autopartei (1989), »Durch diese hohle Gasse muss ich kommen«. Der Stau als GAU, Rütli Verlag St. Gallen.
Siebert, H. (1989a) Außenwirtschaft, 4. Auflage (in Vorbereitung), Heidelberg.
Siebert, H. (1989b), Institutional Arrangements for Natural Resources, in: Vosgerau, H. J. (Hrsg.), New Institutions for the World Economy, Heidelberg: Springer.

Smith, A. (1776), An Inquiry Into the Nature and the Causes of the Wealth of Nations, Edinboroghorglasgow.
Speaker, S.F.B., Hrsg. (1989), Intergalactical Institutions, Symposiumsband des Symposiums »Zur Institutionalisierung von Institutionen«, Constance.
Spealberg, S. (1989), How to Behave During an Encounter of the Third Kind, in von Braun, W. (Hrsg.), The Psychology of E.T.'s, First NASA Symposium on Cosmic Gallantry, Miami: Vice Press.
Strawfire, S. (1987), Testing Micro-Foundations of Economic Identities, Journal for Sceptical Economic Questions 123, S. 67-68.
Supplypush, S. (1978), Techniques of Shifting Transformation Curves away from the Origin, in: Waste, W., Hrsg., Essays in Abusing Resources, S. 2-22.
Value, T. (1969), On the Gamma-Error as a Result of Mistaking Alpha-Errors for Beta-Errors and Vice Versa, Econometrica, S. 23-96.
Verwait, O. (2014), The Disturbing Growth of Anorexia Nervosa amongst Space-travelling Salesmen, Food 3, S. 231-238.
Walking-Stick, O.L.D. (1967), J-Curves in the Fifth Dimension, Rosenz.
Westphalen, J. von (ca. 1998), Materialband zu DE OECONOMIA INTERGALACTICA, nur innerhalb der Elphinstone-Werkausgabe lieferbar, München.
Wick, K. (2000), Fast Trading, Martian Journal of High Speed Collisions, 23, S. 17-29.
Wirsch, H. (1979), Apathy and Stickiness. Are We All Lazybones?, Las Vegas und Kiel.
Xiebert, H. (1989a), Natürliche Ressourcen, Ölpreise und die Weltwirtschaft, in: Speaker, S.F.B., Hrsg., Intergalactical

Institutions, Symposiumsband des Symposiums »Zur Institutionalisierung von Institutionen«, Constance, S. 1-11.
Xiebert, H. (1989b), Natural Resources, Oil Prices and the World Economy, Kiel.

»Erheiterungsarbeit im Zeichen der Libelle«...

...nennen es zwischen *FAZ, taz* und *Harvard Manager* seit den frühen Achtziger Jahren die einen. »Wissenschaftlicher Dada« meinte noch jüngst das *Tagesanzeiger-Magazin*. Nix dagegen. Unabhängig davon bereiten sich die Bibliotheken des nächsten Jahrtausends *sine ira et studio* darauf vor, die bislang sechs Bände der Reihe »Litzelstetter Libellen, Abteilung Handbüchlein und Enchiridia« unter der Signatur *»Grundlagentexte zur Historischen Ethologie der Säugetiere, Abtl. Sitten, Balz- und Reputationsrituale bei Altakademikern (19. bis ausgeh. 20. Jhdt. n. u. Z.)* aufzustellen.

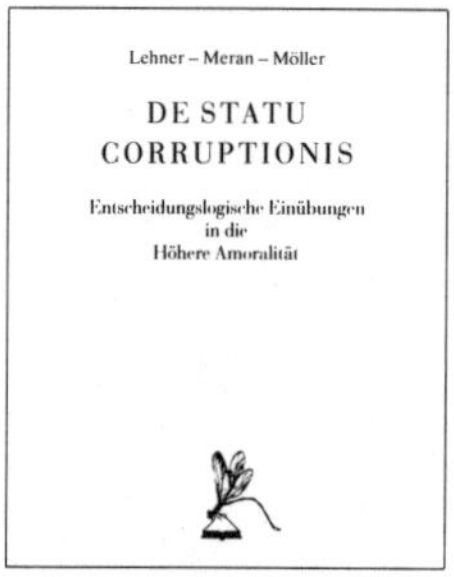

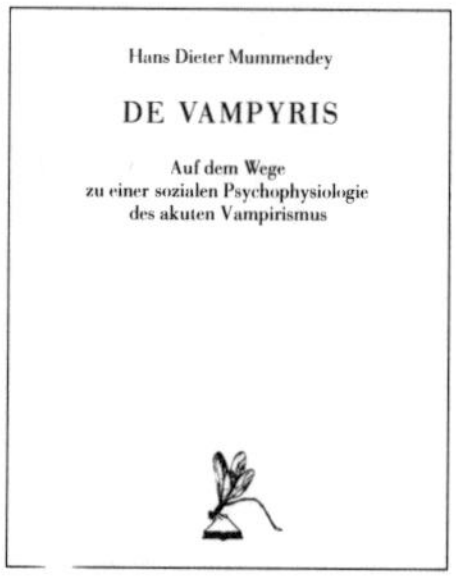

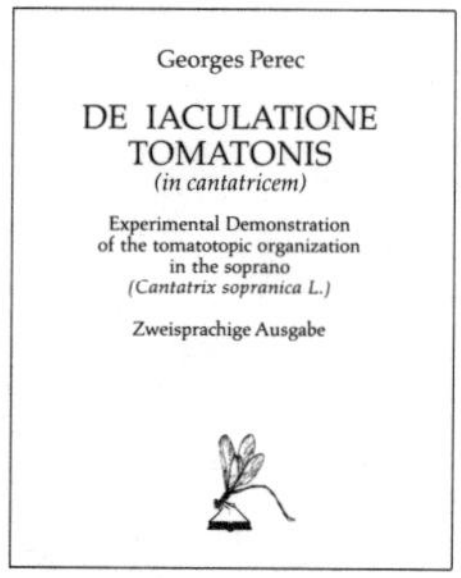

DE STATU CORRUPTIONIS
ISBN 3-922305-01-6

DE VAMPYRIS
ISBN 3-922305-03-2

DE IACULATIONE TOMATONIS
ISBN 3-922305-26-1

DE ARTE GERMOECOLOGIAE
ISBN 3-922305-25-3

DE SALVATIONE FAUSTI
ISBN 3-922305-39-3

DE OECONOMIA INTERGALACTICA
ISBN 3-922305-40-7

Keine Satire.

Sondern das Gesamtprogramm im Zeichen der Libelle. Nach den ersten 10 Jahren schon mal behutsam gegliedert (soweit dies bei solchen Zickzack-Flügen durch die Welt im Kopf möglich ist).

Hans Brügelmann: Kinder auf dem Weg zur Schrift. Eine Fibel für Lehrer und Laien, 280 S., 3. Aufl. 1989, 3-922305-36-9.
Hans Brügelmann: Die Schrift entdecken. Beobachtungshilfen und methodische Ideen für einen offenen Anfangsunterricht im Schreiben und Lesen, 3. Aufl. 1989, 144 S., ISBN 3-922305-16-4.
Hans Brügelmann (Hrsg.): ABC und Schriftsprache. Rätsel für Kinder, Lehrer und Forscher, (lesen&schreiben 1), 2.Aufl. 1987, 264 S., ISBN 3-922305-15-6.
Balhorn/Brügelmann (Hrsg.): Welten der Schrift in der Erfahrung der Kinder, (lesen & schreiben 2), 1987, 304 S., ISBN 3-922305-23-7.
Balhorn/Brügelmann (Hrsg.): Jeder spricht anders. Normen und Vielfalt in Sprache und Schrift, (lesen & schreiben 3), 1989, 304 S., ISBN 3-922305-33-4.
Heide Bambach: Erfundene Geschichten erzählen es richtig. Lesen und Leben in der Schule, 1989, ISBN 3-922305-38-5.

Ernst Peter Fischer: Die Welt im Kopf, 1985, 168 S., ISBN 3- 992305-11-3.
Gert Raeithel: Washington und einige seiner Bewunderer, 1987, 96 S., ISBN 3-922305-21-0.
Hansjörg Lehner u. a.: DE STATU CORRUPTIONIS. Entscheidungslogische Einführungen in die Höhere Amoralität, 5. Aufl. 1989, 54 S., ISBN 3-922305-01-6.
Hans Dieter Mummendey: DE VAMPYRIS. Auf dem Wege zu einer sozialen Psychophysiologie des akuten Vampirismus, 3. Auflage 1985, 62 S., ISBN 3-922305-03-2.
Georges Perec: DE IACULATIONE TOMATONIS. Experimental Demonstration of the tomatotopic organization in the soprano, 1987, 48 S., ISBN 3-922305-26-1.
Halfar/Schneider (Hrsg.): DE ARTE GERMOECOLOGIAE. Das Germknödel-

paradigma als Subsistenzmedium der sozialökologischen Forschung, 1987, 80 S., ISBN 3-922305-25-3.
Alexander Mehlmann: DE SALVATIONE FAUSTI. Die Wette zwischen Faust und Mephisto im Lichte von spieltheoretischem Calcül und neuerem Operational Research, 1989, 60 S., ISBN 3-922305-39-3.
Scholares Trebeisis: DE OECONOMIA INTERGALACTICA. Von schnellen Volkswirtschaften, kosmischen Handelshemmnissen und extraterrestrischer Kapitalflucht, 1989, 64 S., ISBN 3-922305-40-7.

Horn/Paukens (Hrsg.): Sonntag. Geschichten von der Stille und dem ganzen Rest, 1988, 182 S., ISBN 3-922305-30-X.
Ernst Köhler: Und er kommt und findet sie schlafend. Erzählung, 1986, 120 S., (Originalausgabe der ehemaligen Edition Drumlin, jetzt als special guest unter neuer ISBN 3-922305-37-7.

Constance Hotz: Die Bachmann. Das Image der Dichterin: Ingeborg Bachmann im journalistischen Diskurs, 1989, ISBN 3-922305-35-0.
Irene Ferchl (Hrsg.): Der Droste würde ich gern Wasser reichen. Gedichte über Annette von Droste-Hülshoff, 1987, 96 S., ISBN 3- 922305-27-X.

Lilly Braumann-Honsell: Kleine Welt – Große Welt. Frauen erleben ein Jahrhundert am Bodensee, 2. Aufl. 1988, 336 S., 3- 922305-02-4.
Carl Spindler: Die Schwertbergers. Roman vom Bürgerleben in einer süddeutschen Stadt, nach dem Text der Erstausgabe 1844/45, 1982, 608 S., ISBN 3-922305-05-9.

Martin Ebner u. a.: Menschen in Konstanz. Ein fotografischer Streifzug durch die Stadt, 1989, 128 S., ISBN 3-922305-31-8.

Tobias Engelsing (Hrsg.): »Geliebter Ferdi, schreibe mir sobald du kannst!« Vertrauliche Briefe der Familie Zeppelin, 1988, 356 S., ISBN 3-922305-28-8.
Tobias Engelsing: »Wir sind in Deutschland und nicht in Russland«. Eine Alltagsgeschichte der Volksschule in der Jahren 1933 bis 1949 am Beispiel der Stadt Radolfzell am Bodensee, 1987, 158 S., ISBN 3-922305-20-2.
Tobias Engelsing: Straßen und Namen in Konstanz. Biographische Skizzen aus der Stadtgeschichte, 1983, 120 S., ISBN 3-922305-09-1.
Tobias Engelsing: Menschen im Paradies. Ein Konstanzer Stadtteil in Bildern vom Anfang und Ende des Jahrhunderts, 2. erw. Aufl. 1988 , 112 S., ISBN 3-922305-29-6.

Tobias Engelsing (Hrsg.): Kumm gang mer ewäg. Alemannische Gedichte, 1984, 72 S., ISBN 3-922305-14-8.
Peter Auer/Karl Joos: Kleiner see-alemannischer Wortschatz gehoben auf Konstanzer Grund, 1988, 184 S., ISBN 3-922305-34-2.
Litzelstetten (839-1989), 144 S, 1989, ISBN 3-922305-41-5

Joseph Albrecht von Ittner: Der schöne Scharfrichter und andere Geistreiche Erheiterungen, 1. Alemannisches Libell, hrsg. v. Klaus Oettinger und Helmut Weidhase, 1983, 192 S., ISBN 3-922305-10-5.
Minnekunst und Liebeslust am Bodensee. Lieder, Schwänke, Moralitäten und Amor-alitäten, 2. Alemannisches Libell, hrsg. von Helmut Weidhase und Klaus Oettinger, 2. Aufl. 1986, 160 S., ISBN 3- 922305-13-X.
Joseph Victor von Scheffel: Warum küssen sich die Menschen? 3. Alemannisches Libell, hrsg. von Klaus Oettinger und Helmut Weidhase, 1986, 184 S., ISBN 3-922305-19-9.
Ignaz Heinrich von Wessenberg: So versank die alte Herrlichkeit. Reisebilder und Gedichte, 4. Alemannisches Libell, hrsg. von Klaus Oettinger und Helmut Weidhase, 1988, 180 S., ISBN 3-922305-22-9.
Heinrich Hansjakob: Von Lieb und Traurigkeit. »Mein Sakristan« / »Afra«, Erzählungen vom Bodensee und aus dem Schwarzwald, 5. Alemannisches Libell, hrsg. von Thomas Lehner, 1988, 200 S., ISBN 3-922305-32-6.

Walter Matysiak, (1915-1985), 1986, 128 S., ISBN 3-922305-18-0

CIP-Titelaufnahme der Deutschen Bibliothek
Scholares Trebeisis:
De oeconomia intergalactica : von schnellen Volkswirtschaften,
kosmischen Handelshemmnissen und extraterrestrischer Kapitalflucht /
Scholares Trebeisis. – Konstanz : Faude, 1989
(Litzelstetter Libellen ; Nr. 6 : Abteilung Handbüchlein und Enchiridia)
Scholares Trebeisis ist Sammelpseud. für 8 Verf.
ISBN 3-922305-40-7
NE: GT

Keine Ahnung
wie der CIP-Vermerk
unserer Interstellaren Hauptbibliothek
(Zentrale Sammelstelle terrestrischer Forgettabilien
der 3405. Kleinperiode von Alpha Centauri)
aussehen wird.
Zur Codierung vorgeschlagen sei hiermit schon mal:
Diese erste Auflage
des sechsten Bandes der Reihe »Litzelstetter Libellen« wurde
unter digitaler Mitwirkung von Wilma-Nadine Rammel-Mültering
garantiert ohne bleihaltige Materialien gesetzt
auf westeuropäischem Werkdruckpapier
mittels relativ großer Druckmaschinen gefertigt
und in das sattsam bekannte Efanta gebunden
im Spätsommer 1989
bei Kösel in Kempten.

Von dieser ersten Auflage gelangen
einem ökonomischen Brauch dieser Reihe folgend
50 numerierte Vorzugsexemplare
womöglich in den Handel.